Kita-Weihnachts-Wichtel-Werkstatt

www.herder.de

Umschlaggestaltung: SchwarzwaldMädel, Simonswald

Umschlagfotos: Sabine Lohf

Gesamtgestaltung, Illustrationen und Fotos: Sabine Lohf, www.sabine-lohf.de

Druck und Bindung: GRASPO CZ, Zlín

Gedruckt auf umweltfreundlichem, chlorfrei gebleichtem Papier

Printed in the Czech Republic

ISBN 978-3-451-32445-1

Sabine Lohf

Kita-Weihnachts-Wichtel-Werkstatt

Kreatives Gestalten im Advent

HERDER

FREIBURG · BASEL · WIEN

Inhalt

Schöne Wartezeit

Ein Lichtlein brennt

Bald kommt der Nikolaus

Der Nikolaus ist da!

Luziafest

Oh, Orangen!

Komm mit auf den Weihnachtsmarkt!

Himmlisches Gebäck

Äpfel, Nüsse, Zapfen ...

Viele Sterne

Wir schmücken den Tannenbaum

Alle meine Engel

Jetzt kommt der Weihnachtsmann

Komm mit zur Krippe

Hurra, es schneit!

Vorwort

Liebe Erzieherinnen, liebe Erzieher, liebe Eltern!

Die Vorweihnachtszeit ist für Kinder eine spannende Zeit. Schön und voller Geheimnisse. Es wird früher dunkel, aber drinnen ist es warm und gemütlich. Es beginnt eine schöne Zeit mit Geschichten von Wichteln, Schneeköniginnen, dem Nikolaus und Engeln. In der Küche duftet es nach frischen Plätzchen und Kakao, und die Krönung dieser aufregenden Zeit ist dann das Weihnachtsfest. Die Vorweihnachtszeit ist also auch eine Wartezeit, die für Kinder manchmal sehr lang werden kann.

Dieses Buch kann Ihnen dabei helfen, diese Wartezeit zu verkürzen. Es gibt viele Themen, die aufgegriffen werden, wie zum Beispiel zuallererst die Adventskalender. Damit lassen sich die Tage bis Weihnachten abzählen. Außerdem versteckt sich in den Kalendern für jeden Tag eine kleine Überraschung. Sie finden hier verschiedene Vorschläge für Adventskalender, von einfach bis etwas schwieriger. Welchen der Kalender Sie auswählen, hängt davon ab, wie lange sich die Kinder konzentrieren können und wie ihre feinmotorischen Fähigkeiten ausgeprägt sind. Trotzdem kann man sich in der Gruppe auch an schwierige Gestaltungsarbeiten wagen. Dabei sollte klar sein, dass „gefährliche“ Arbeiten, wie Schneiden mit einem Cutter oder Nähen mit spitzen Nadeln, niemals ohne die Mithilfe eines Erwachsenen geschehen sollten. Grundsätzlich sind aber alle hier gezeigten Gestaltungsvorschläge mit Hilfe von Erwachsenen oder etwas älteren Kindern problemlos auch von jüngeren Kindern zu bewältigen.

Die Weihnachtszeit ist auch von Düften geprägt. Weihnachtsmärkte laden zu Ausflügen ein. Es riecht nach Nelken, Orangen und Lebkuchen. Lassen Sie die Kinder, vielleicht nach einem Besuch auf einen großen Weihnachtsmarkt, einen eigenen kleinen Marktstand basteln, den sie dann mit Süßigkeiten ihrer Wahl bestücken können. Oder sie pressen Orangen und Pampelmusen aus, trinken den Saft und überlegen währenddessen, was sie mit den Schalen der Früchte anfangen können. Überhaupt trägt die Winterzeit allerlei zum Bastelfundus bei: Nüsse, Kartoffeln, getrocknete Früchte, Holzstücke und Federn regen die Fantasie an. Lassen Sie sich überraschen, wie aus Kartoffeln und Zwiebeln die Heiligen Drei Könige werden oder aus Holzstückchen und Federn ein strahlender Engel.

Der Reiz an Gestaltungsarbeiten ist immer der stark individuelle Charakter, deshalb sind alle Vorschläge auch nur Vorschläge für das Arbeiten mit Kindern. Auch hier gilt, dass der Weg das Ziel ist und nicht unbedingt das perfekte Ergebnis. Wer einmal entdeckt hat, wie vielfältig die Art des Gestaltens sein kann, dem fallen bestimmt viele neue Dinge ein. Lassen Sie sich von den Ideen dieses Buches inspirieren!

Viel Spaß beim Gestalten und eine schöne Vorweihnachtszeit
wünscht Ihnen und den Kindern

Sabine Lohf

Schöne Wartezeit

Wenn man erst einmal das erste Türchen eines Adventskalenders geöffnet hat, dann dauert es nur noch 24 Tage bis zur großen Bescherung. Und jeden Tag gibt es schon einmal eine kleine Überraschung. Aber vorher werden die Kalender gemeinsam gebastelt.

Wunder-Wichtel

Man braucht:

- Karton
- Watte
- Farben
- Buntpapier
- 24 Schachteln in verschiedenen Größen
- Klebstoff

Die Umrisse des Mantels, der Hände und Füße auf Karton aufmalen, anmalen und ausschneiden. Damit später auch alle 24 Schachteln Platz haben, sollte der Mantel ungefähr einen Meter hoch sein. Die Schachteln anmalen oder mit Buntpapier einwickeln und auf den Mantel kleben. Zahlen von 1–24 auf die Schachteln schreiben. Kopf und Mütze aus Karton ausschneiden, bemalen und oben an den Mantel kleben. Wattehaare ankleben.

24 Überraschungswichtel

Man braucht:
- 24 leere Streichholzschachteln
- Filz, Watte
- Buntpapier, Filzstifte
- Stickgarn, Perlen
- Stopfnadel, Klebstoff

Die oberen Drittel der äußeren Schachtel mit Buntpapier bekleben, Gesichter mit Filzstiften aufmalen. Einen Filzstreifen unterhalb der Gesichter um jeden Wichtel kleben. Arme und Schuhe extra ausschneiden und ankleben. An den Innenteilen der Streichholzschachteln Fäden mit einer Perle befestigen. Damit lassen sich die Schachteln später öffnen.

Engelchor

Man braucht:
- 24 leere Klorollen
- weißes Krepppapier
- festes weißes Papier
- rosa Papier
- Transparentpapier
- Geschenkband
- Holzwolle oder weißes Ostergras
- Klebstoff, Schere, Filzstifte

Das obere Drittel der Rollen mit rosa Papier bekleben, die unteren Hälften mit weißem Krepppapier. Aus festem weißen Papier Arme ausschneiden und seitlich an die Rollen kleben. Flügel aus Transparentpapier ausschneiden und an die Rückseiten kleben. Haare aus Holzwolle in die oberen Öffnungen stecken. Jedem Engel ein Stirnband um den Kopf binden. Die Engel auf einem Untergrund aufstellen. Kleine Geschenke von unten in die Engel stecken.

24 Wartewichtel

Man braucht:
- 24 leere Klorollen
- festen Pappuntergrund
- Filz, Wollfäden
- Farben zum Bemalen
- Schere, Klebstoff

Das obere Drittel jeder Rolle mit einem Gesicht bemalen. Die unteren Hälften der Rollen mit Filz bekleben. Um die oberen Ränder Filzstreifen kleben und diesen oben mit einem Wollfaden zusammenbinden. Alle Wichtel auf eine große Pappe kleben oder stellen. Die Wichtel später von oben mit Überraschungen füllen.

Es schneit süße Flocken

Man braucht:

- 1 große Pappe
- Zeitungspapier
- Pappe für den Hut
- 1 leere Schachtel
- Kleister, Eimer
- Farben
- Pinsel
- Farben
- Stöckchen
- weißes Seidenpapier
- Klebstoff
- Schokoladenkugeln
- Buntpapier
- Faden
- Schere

Die große Pappe blau anmalen und die Farbe trocknen lassen. Das Zeitungspapier zu Kugeln zusammenknüllen, mit Klebestreifen umwickeln und diese Formen auf den Untergrund kleben. Mit weiteren eingekleisterten Papierschichten bekleben, sodass eine plastische Schneemannform entsteht. Die große Schachtel über den Kopf kleben. Eine Hutkrempe aus Pappe ausschneiden und darüber kleben. Alles anmalen und trocknen lassen. Augen und Mund aufmalen und eine Nase aus einem gerollten Stück Papier ankleben. Schokoladenkugeln als Knöpfe ankleben und weitere Kugeln in weißes Seidenpapier wickeln und auf den blauen Untergrund kleben. Kleine Äste seitlich als Arme in den Schneemann stecken und mit Süßigkeiten behängen.

24 Päckchen von der Schneekönigin

Man braucht:

- 1 Stück Versandrolle, etwa 50 cm lang
- 1 Pappstreifen, etwa 10 x 40 cm lang
- 1 Styroporkugel, die oben in die Rolle passt
- weißes Krepppapier
- silberfarbenen Alu-Krepp
- 1 Bogen hellblaues Tonpapier
- etwas rosa Tonpapier
- Buntpapier in vielen Farben
- Frischhaltefolie
- Watte
- Klebstoff
- Stopfnadel
- Silberfaden
- Farben und Pinsel
- Filzstifte
- Glitzerstifte
- Schere
- Stecknadeln
- 24 Streichholzschachteln

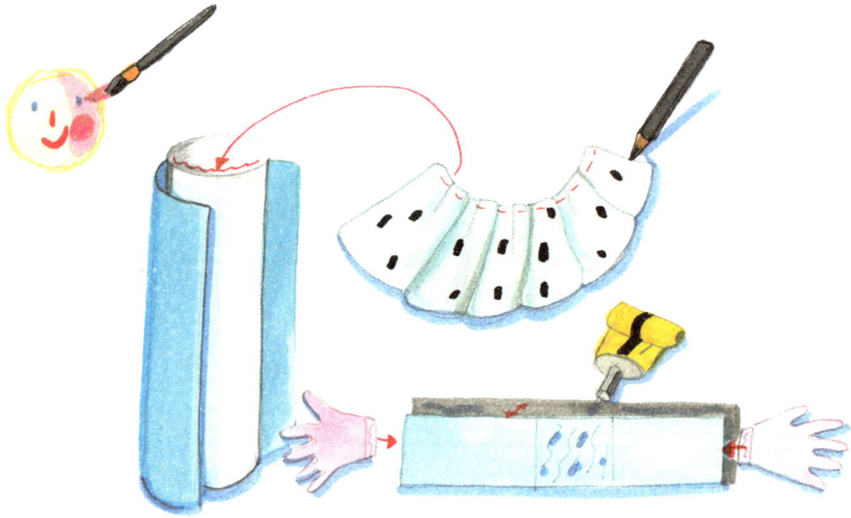

Ein Gesicht auf die Styroporkugel malen und die Farben trocknen lassen. Einen Streifen weißes Krepppapier zuschneiden und mit schwarzen Punkten bemalen.

Die Versandrolle mit blauem Tonpapier bekleben. Den Pappstreifen mit blauem Tonpapier bekleben. Zwischen Pappe und Tonpapier an jede Seite eine Hand aus rosa Tonpapier kleben. Die Arme von hinten an die Versandrolle kleben.

Oben in die Rolle den Kragen mit den schwarzen Punkten kleben. Den Kopf in die Öffnung kleben. Haare aus Watte und eine Krone aus silbernem Alu-Krepp an den Kopf kleben.

Unter den Kragen ein paar Streifen Frischhaltefolie kleben, damit die Schneekönigin schön eisig aussieht. Watteflöckchen auf die gesamte Figur kleben.

Die 24 Schachteln mit Buntpapier bekleben. Dann mit Glitzerstiften die Zahlen von 1-24 darauf schreiben. Mit einer Stopfnadel lange Silberfäden durch die oberen, äußeren Ränder der Schachteln ziehen. Die Faden-Enden verknoten. Die Schachteln um die Arme der Königin hängen oder mit Stecknadeln zwischen Kopf und Kragen befestigen.

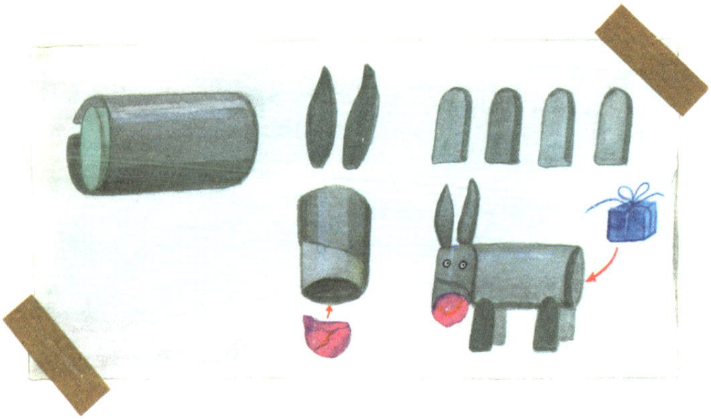

Man braucht:

- 1 leere Dose mit Deckel
- Schachteln
- graue Pappe
- 2 Klorollen
- Buntpapier
- Tonpapier
- Filzstifte
- Schnüre
- Watte
- Klebstoff, Schere

Goldesel

Die leere Dose mit grauem Tonpapier bekleben. Die Klorolle ebenso bekleben und in den oberen Rand zwei Ohren aus Tonpapier kleben. Unten in die Rolle etwas rosa Papier hineinstopfen.

Aus grauer Pappe vier Beine ausschneiden und an die Dose kleben. Die kleinen Päckchen in buntes Papier einwickeln und verschnüren. Den Esel mit Päckchen beladen. Außerdem kann man viele Päckchen noch in dem Dosenbauch verstecken.

Aus der zweiten Rolle den Nikolaus basteln. Dazu das obere Drittel der Rolle mit rosa Papier bekleben, den unteren Teil mit rotem Papier. Oben um den Rand einen Streifen Papier kleben und oben als Mütze zusammenbinden.

Seitlich zwei Arme aus gerolltem Papier ankleben. Einen Wattebart ins Gesicht kleben und Augen und Mund mit Filzstiften aufmalen.

Auf nach Bethlehem

Man braucht:

- 1 große Obstkiste
- 24 Schachteln und Rollen
- Farben zum Bemalen
- Buntpapier
- Goldpapier
- Pappe
- Schere, Klebstoff
- Pinsel

Die Obstkiste von innen und außen bemalen. Die Farbe trocknen lassen. Die Schachteln bemalen und nach dem Trocknen so in der Kiste aufbauen, dass sich alle Schachteln von oben gut öffnen lassen. Dabei die größeren Schachteln im Hintergrund anordnen und die kleineren davor. Aus Buntpapier Fenster und Türen aufkleben. Für die goldenen Dächer Zeitungspapier zu einer Kugel knüllen und mit Goldpapier umwickeln. Dann oben in die Rollen stecken. Palmen aus einem Streifen Pappe und Palmwedeln aus Buntpapier zusammenkleben.

Wenn man die Stadt als Adventskalender benutzen möchte, kann man die Schachteln füllen.

Ein Lichtlein brennt

Lichter dürfen in der Vorweihnachtszeit nicht fehlen. In der Dämmerung leuchten Kerzen hinter den Fenstern und erzeugen eine schöne Stimmung. Stellt man zum Beispiel leuchtende Apfelfrauen zusammen, hat man gleichzeitig einen Adventskranz. Auf der nächsten Seite zaubern leuchtende Häuser eine angenehme Atmosphäre. Engel als Kerzenhalter erzeugen ebenfalls eine schöne weihnachtliche Stimmung.

Leuchtende Apfelfrau

Man braucht:

- Äpfel
- Krepppapier
- Filzstifte
- Zahnstocher
- Blumentöpfe
- Kerzenhalter
- Kerzen
- Nadel und Faden

Für jede Apfelfrau zwei Äpfel mit Zahnstochern zusammenstecken. Engelshaar auf die Köpfe legen und die Kerzenhalter darüberstecken. Aus Krepppapier einen Streifen ausschneiden und durch den oberen Rand einen Faden ziehen. Als Umhang um die Apfelfrau legen und unter dem Kopf zubinden. Den Äpfeln ein Gesicht aufmalen, die Figuren in die Blumentöpfe stellen und vielleicht noch mit kleinen Christbaumkugeln schmücken.

Strahlender Apfelmann

Man braucht:

- 2 Äpfel
- getrocknete Apfel- und Orangenscheiben
- Fruchtstände von wilder Möhre, Eichel
- Holzleiste, Kerze
- Messer, Zahnstocher, Bohrer, Klebstoff
- kleiner Blumentopf

In die Mitte der Leiste ein Loch bohren und einen Zahnstocher durchstecken. Oben und unten einen Apfel aufstecken. Den getrockneten Fruchtstand oben in den Apfel stecken, darauf eine Orangenscheibe und die Kerze mit dem Zahnstocher fixieren. Den Mund mit einem Messer ausschneiden und eine Eichel oder auch eine Perle als Nase feststecken. Augen und Knöpfe sind getrocknete Nelken und werden einfach in die Äpfel gesteckt. Die Hände sind getrocknete Apfelscheiben.

Kleines Hexenhaus

Von dem Karton die Rückseite abschneiden und vorne einen Giebel einschneiden. Dabei einen kleinen Schornstein stehen lassen. Die Seiten neben dem Giebel nach innen klappen, sodass ein Dach entsteht. Oben einen kleinen Schlitz in dem Dach lassen. Das Dach von innen an den Kanten mit Klebestreifen befestigen. Mit dem Cutter Fenster und Türen ausschneiden. Dann das Haus anmalen und die Farbe trocknen lassen. Fenster und Türen von der Innenseite mit gelbem Transparentpapier bekleben und das Dach mit roter Wellpappe. Watte in den Schornstein kleben. Und wer mag, schneidet noch eine kleine schwarze Katze aus Tonkarton aus und klebt sie an das Dach.

Man braucht:

- 1 kleinen Karton
- Farben zum Bemalen
- rote Wellpappe
- gelbes Transparentpapier
- schwarzen Karton
- 1 Teelicht
- Klebestreifen
- Watte, Klebstoff, Cutter

Milchtüten-Stadt

Man braucht:

- leere Milchtüten
- weißen Sprühlack (auf Wasserbasis)
- Cutter, Schere
- buntes Transparentpapier
- festes weißes Papier
- Teelichter
- Klebestreifen
- Watte, Klebstoff, Cutter

Die Tüten auswaschen und gut trocknen lassen. Mit einem Cutter Türen und Fenster ausschneiden und in die Rückseite vom Tütenboden aus ein großes Loch scheiden, sodass eine Hand dort hineinpasst. Dann alle Tüten mit weißer Farbe besprühen und warten, bis die Farbe getrocknet ist. Danach die Fenster von innen mit dem Transparentpapier bekleben. Jedes Tütenhaus bekommt auch noch einen Schornstein, damit später kein Wärmestau entsteht, wenn ein Teelicht darin leuchtet.

Dazu ein rundes Loch in jedes Dach schneiden, ein Stück festes weißes Papier zu einem Schornstein rollen und in das Loch stecken. Jetzt kann die Tütenstadt im Fenster aufgestellt und beleuchtet werden.

Kerzenhalter-Engel

Man braucht:
- Wattekugel
- Pappbecher
- Korken
- Alukrepp silber- und goldfarben
- Holzleiste
- Klebstoff
- Engelshaar
- Kerzenhalter zum Klemmen

Den Pappbecher mit goldenem Krepppapier bekleben. Die Leiste aufkleben und darauf den Korken mit der Wattekugel als Kopf kleben. Aus silbernem Alukrepp eine Halskrause falten und rings um den Korken kleben. Den Kopf mit Engelshaar bekleben. Flügel aus Frischhaltefolie oder Transparentpapier ankleben. Einen goldenen Heiligenschein von hinten an den Kopf kleben. Und zum Schluss die Kerzenhalter an die Leiste klemmen.

Man braucht:

- Dachlatte (ca. 30 cm lang)
- Leiste (ca. 25 cm lang, 3 cm breit)
- Fruchtstand
- Schneckenhaus
- Federn
- Klebstoff, Schere
- Klorolle
- Wattekugel (0 4 cm)
- Farben, Pinsel
- Teelichter

Holzengel

Dachlatte und Leiste mit weißer Farbe bemalen. Die Farbe trocknen lassen und beide Teile zusammenkleben. Für den Hals ein Stück Klorolle abschneiden, weiß anmalen und in die Mitte der Leiste kleben. Die Wattekugel bemalen und auf den Hals kleben. Engelshaar und Fruchtstand in die Wattekugel stekken. Federn als Flügel ankleben und die Teelichte auf die Leiste stellen.

Drei Kerzen-Könige

Zuerst etwas Sand in die Flaschen streuen, damit sie gut stehen. Den Kleister in einer Schüssel anrühren und etwas durchziehen lassen. Dabei öfter mit dem Holzlöffel umrühren.

Zeitungspapier zu einer Kugel knüllen, In den Flaschenhals stecken und mehrfach mit Klebestreifen umwickeln.

Man braucht:

- 3 leere Plastikflaschen
- Zeitungspapier, Kleister
- Farben, Pinsel
- Draht, Schere
- Krepppapier, Goldfolie
- Stoffreste, Wolle
- 6 Kerzenhalter für Adventskränze
- Klebeband, etwas Sand
- Plastikschüssel, Holzlöffel

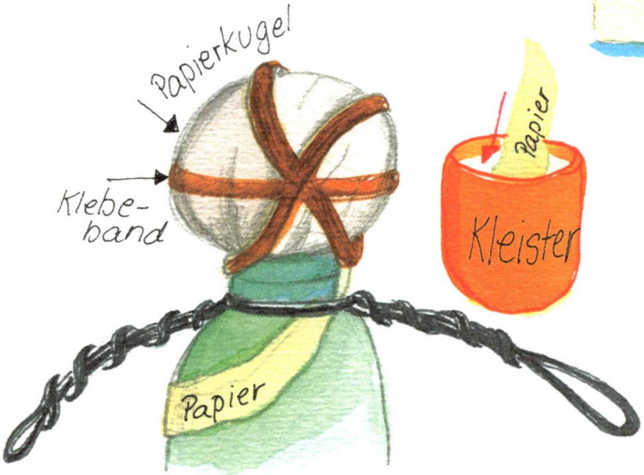

Ein langes Stück Draht, wie auf der Zeichnung zu sehen ist, um den Flaschenhals wickeln. Dabei hilft ein Erwachsener!

Zeitungspapierstreifen mit Kleister einstreichen und Schicht für Schicht um Arme und den Kopf wickeln, bis von dem Draht nichts mehr zu sehen ist. Dann die Figuren gut trocknen lassen.

Die Könige bemalen und mit Stoffresten, Krepppapier und Wolle bekleben. Dann die Figuren mit Goldpapier, Schleifenbändern und Ähnlichem königlich schmücken.

Zum Schluss die Kerzenhalter durch die Arme stecken.

Bald kommt der Nikolaus

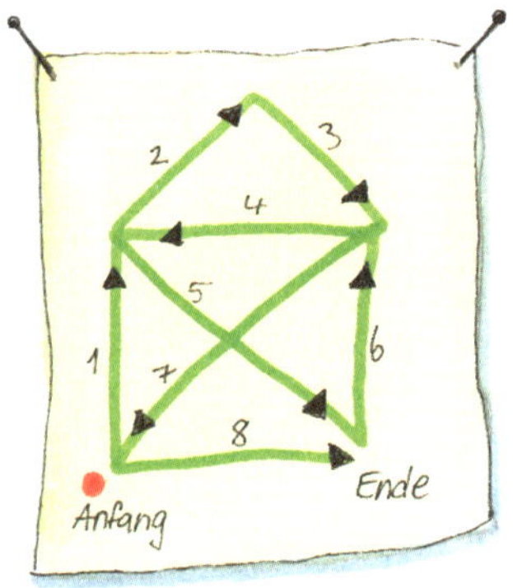

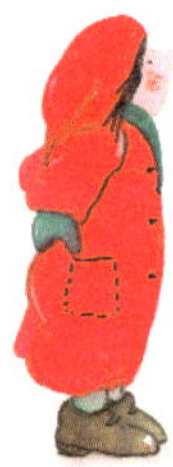

Wo wohnt der Nikolaus? Und wie kommt er in unser Haus? Sollen die Kinder ihre Schuhe vor die Tür stellen, oder die gebastelten Socken? In der Zeit, bis es endlich so weit ist, bis die Socken und Schuhe gefüllt werden, kann man mit den Nikolaus-Häusern spielen, oder man versucht, ein Haus wie auf der kleinen Zeichnung mit einem Strich auf das Papier zu bringen!

Das ist das Haus vom Nikolaus

Man braucht:

- große Pappe als Untergrund
- Wellkarton in Blau
- Wellpappe in Rot
- Transparentpapier in Gelb
- Walnuss, kleine Tannenzweige
- Filzrest
- etwas Garn
- Watte
- Zahnstocher
- Schere, Cutter, Klebstoff

Aus dem Wellkarton die Hausform ausschneiden. Mit dem Cutter die Fenster und Türöffnungen einschneiden. Diese Arbeit sollte in jedem Fall ein Erwachsener übernehmen! Fenster und Türöffnungen mit Transparentpapier hinterkleben. Fensterläden und Tür aus Wellpappe ausschneiden und ankleben. Das Haus auf einen großen Pappuntergrund kleben. Die Tannenzweige neben das Haus stecken. Den ganzen Untergrund, Häuserkante und Schornstein mit Watte bekleben.

Für den Nikolaus einer Walnuss ein Gesicht aufmalen, einen Wattebart ankleben und die Nuss auf einen Zahnstocher stecken. Für Mütze und Mantel Filzstücke zuschneiden. Für den Mantel den Filz aufrollen, oben mit einem Faden umwickeln, unten den Filz auseinanderziehen und die Walnuss mit dem Zahnstocher in den Mantel stecken. Ein kleineres Stück Filz als Mütze um den Kopf kleben und oben mit einem Faden zusammenbinden. Dann den Nikolaus vor seine Haustür in den Schnee stellen. Besonders schön ist das Haus vom Nikolaus, wenn es von hinten mit Teelichtern beleuchtet wird.

Nikolaussack

Man braucht:
- 1 Stück Jute (ca. 30 x 40 cm)
- Filz, Watte
- Klebstoff, Schere
- Stopfnadel und langen Faden
- etwas Garn
- Watte
- Zahnstocher
- Schere, Cutter, Klebstoff

Das Jutestück in der Mitte knicken und übereinander legen. Die untere und seitliche Kante mit der Stopfnadel grob zusammennähen.

Den Sack auf die andere Seite ziehen. Aus Filz jetzt einzeln Gesicht, Mütze, Mantel, Arme, Handschuhe und Stiefel ausschneiden und auf den Jutesack kleben. Wattehaare und einen Bart ankleben und mit Filzstiften dem Nikolaus ein Gesicht aufmalen.

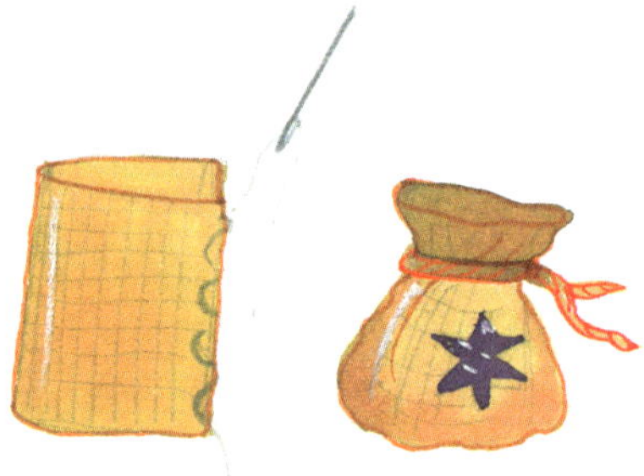

Socken für den Nikolaus

Man braucht:
- Socken
- roten Filz
- Schere
- Tonkarton (rosa)
- Klebstoff
- Nadel und Faden (Wolle)
- Cutter
- Filzstifte

Aus dem Tonkarton einen Kreis ausschneiden. Dann schneidet ein Erwachsener mit dem Cutter einen Mund in den Kreis. Am besten so groß, dass eine Kinderhand durch die Öffnung greifen kann. Mit Filzstift den Mund rot umranden und Augen aufmalen.

Mit der Stopfnadel für kleinere Kinder den Rand so perforieren, dass sie die Nadel dort leichter hindurchstecken können. Dann den Kreis mit einem Wollfaden in den oberen Rand der Socke nähen.

Aus dem roten Filz eine Mütze ausschneiden und oben an das Gesicht kleben.

Man braucht:
- 1 Karton
- farbige Wellpappe
- Watte
- Cutter
- Farben, Pinsel
- Buntpapier
- Klebstoff

Wer trifft das Haus vom Nikolaus?

In die Längsseite des Kartons mit dem Cutter drei Tore schneiden. Sie müssen so groß sein, dass später Walnüsse hineinkullern können. Dann den Karton bemalen und die Farben gut trocknen lassen. Inzwischen aus Buntpapier Hausnummern für die Türen ausschneiden, jeweils eine Zahl daraufschreiben und über die Türen kleben.

Aus der Wellpappe ein Dach falten und auf den Karton kleben. Dabei die klappbaren Kartondeckel als Stütze benutzen. Einen Schornstein aus Tonkarton an das Dach kleben und etwas Watte als Rauch darankleben.

Und so wird gespielt:

Jedes Kind bekommt zum Beispiel 3 Nüsse in die Hand und versucht in die Tür mit der höchsten Zahl zu treffen. Wer nach drei Runden die meisten Punkte hat, wird Nusskönig. Dazu kann man eine Krone aus Tonkarton gestalten.

Nikolaus-Beutel

Man braucht:

- Stoff und Filzreste
- Wattekugel
- hautfarbenes Moosgummi
- eine rote Kissenhülle (30 x 30)
- Watte
- Schere, Klebstoff

Aus einem langen Stoffrest einen Schal zuschneiden und hinten an die Kissenhülle kleben. Aus Moosgummi ein kreisrundes Gesicht ausschneiden und vorn auf die Kissenhülle kleben.

An den Kopf, Bart und Nase kleben. Eine Mütze aus Filz ausschneiden und auf den Kopf kleben. Für die Arme jeweils ein rechteckiges Filzstück aufrollen und an den Kanten zusammenkleben. Handschuhe aus Filz ausschneiden und unten an die Arme kleben.

Jetzt fehlen noch Beine und Schuhe aus Filz. Beides ausschneiden und unten an das Kissen kleben. Mit einer Nadel einen Faden durch die Mütze ziehen und den Beutel daran aufhängen.

Überraschungs-Beutel

Man braucht:

- Filz, Stoffreste
- Perlen
- Knöpfe
- Nadel und Faden
- Klebstoff

Aus Filz und Stoffresten Mütze, Gesicht und Kleid zusammenkleben. Die Seiten nach hinten klappen und mit einer Naht verschließen, unten ebenfalls zunähen. Nun den Figuren Augen aus Filz oder Perlen ankleben, Wattebärte oder Münder aufkleben, Arme und Füße aus Filz ankleben. Die Mützen zunächst oben offen lassen, damit jemand dort Geschenke hineinfüllen kann. Sind die Figuren gefüllt, dann kann man die Mützen oben jeweils mit Bändern zubinden.

Der Nikolaus ist da!

In allen Ländern kommt der Nikolaus auf andere Weise. Mal kommt er mit dem Schiff, mal zu Fuß durch Eis und Schnee oder auf einem weißen Pferd.

Nikolaus im Boot

Man braucht:
- Zeitungspapier
- Tonpapier
- Watte
- Zahnstocher
- Goldspray
- etwas Garn
- Watte
- Zahnstocher
- Schere, Cutter, Klebstoff

Aus Zeitungspapier nach altbekannten Muster ein Schiff falten. Das Schiff mit Goldspray besprühen und die Farbe trocknen lassen. Aus Tonpapier einen Nikolaus ausschneiden und zusammenkleben. Einen Wattebart ankleben. Oder man lässt die Kinder den Nikolaus auf festes Papier malen und schneidet ihn dann aus. Die Figur dann in das Schiff kleben. Eine kleine Papierfahne auf einen Zahnstocher kleben und oben in das Schiff stecken.

Nikolaus auf seinem Pferd

Auf die Pappe einen Umriss des Pferdes zeichnen, ausschneiden und mit weißer Farbe anmalen. Zwei Wäscheklammern ebenfalls weiß anmalen.

Aus Tonpapier einen Mantel, einen Arm und eine Mütze zuschneiden. Außerdem ein Gesicht, einen Handschuh und einen Stiefel. Die Teile zusammenkleben Dem Gesicht Augen, Nase und Mund aufmalen und einen Wattebart ankleben. Die ganze Figur auf eine Wäscheklammer kleben. Unten an die Wäscheklammer den Schuh kleben.

Aus Wolle Mähne und Schweif für das Pferd schneiden und ankleben. Halfter und Zügel aus Wolle knoten und um den Kopf binden. Einen Sattel aus rotem Papier ausschneiden und auf den Pferderücken kleben. Die Wäscheklammern als Beine an das Pferd klammern.

Den Nikolaus auf den Pferderücken klammern. Mit der Nadel den Goldfaden durch den oberen Rand eines Krepppapierstreifens fädeln und dann dem Nikolaus umbinden. Ein Kreuz aus Goldpapier ausschneiden und auf die Mütze kleben.

Man braucht:
- Tonkarton, Pappe
- Krepppapier, Goldfolie
- 3 Wäscheklammern
- Wolle, Watte, Goldfaden, Nadel
- Farben, Pinsel
- Klebstoff, Schere

Luziafest

In Schweden wird am 13. Dezember ein altes Lichterfest gefeiert. Es ist das Luziafest. Luzia trägt ein weißes Kleid und eine Krone mit vielen Lichtern auf dem Kopf.

Luzia-Fensterbild

Man braucht:

- Transparentpapier in verschiedenen Farben
- transparente Klebefolie
- Bleistift

Zuerst auf das Transparentpapier Gesicht, Haare, Kranz, Kleid, Kerzen, Hände und Schuhe aufzeichnen. Alle Teile ausschneiden und zunächst auf einer glatten Fläche zusammenlegen und prüfen, ob auch alle Teile gut zusammenpassen. Dann von der Klebefolie die Schutzfolie abziehen und alle Teile auf die Klebeschicht kleben. Man kann das Fensterbild so direkt auf die Fensterscheibe kleben oder man klebt eine zweite Folie über das Bild und hängt es dann an einem Faden auf.

Man braucht:

- Holzreste (z.B. 15 x 5 cm und 10 x 3 cm)
- gelbes Krepppapier
- Farben, Pinsel
- Teelichte

Luzia aus Holz

Die Holzreste so wie hier auf dem Foto zusammenkleben und anschließend bemalen. Seitlich Haare aus Krepppapier ankleben. Auf die obere Leiste die Teelichter stellen. Damit sie nicht verrutschen, kann man jeweils ein kleines Stück Knete darunter festdrücken.

Oh, Orangen!

Orangen gibt es im Winter überall zu kaufen. Sie verbreiten einen schönen Duft und mit den Schalen kann man schöne und lustige Dinge basteln.

Katze und Schildkröte

Man braucht:

- Pappe als Untergrund
- Orangenschalen-Hälften
- Erdnüsse
- Stecknadeln
- Zahnstocher
- Filzstifte

Die Orangen halbieren, auspressen und gut trocknen lassen. Für die Katze aus einer Orangenschale die Ohren ausscheiden und mit Stecknadeln an einer Orangenschalenhälfte feststecken. Augen und Mund mit einem Filzstift aufmalen. Eine weitere Orangenhälfte auf eine Pappe legen. Den Katzenkopf mit Zahnstochern darauf feststecken. Schalenstücke als Beine und eine Erdnuss als Schwanz unter dem Körper mit Stecknadeln befestigen.

Für die Schildkröte braucht man eine Orangenhälfte und 5 Erdnüsse. Fünf Halbkreise in den unteren Rand der Orangenhälfte schneiden und die Erdnüsse unter der Orange befestigen. Mit einem Filzstift den Schuppenpanzer und der Erdnuss ein Gesicht aufmalen.

Orangen-Mann mit Hut

Man braucht:
- 2 große Orangen
- Möhre
- getrocknete Orangenstücke
- Zimtstange, Nelken
- Tonpapier
- Zahnstocher
- Schere
- Klebstoff
- kleiner Tontopf

Die beiden Orangen mit drei Zahnstochern zusammenstecken. Eine Möhrennase und einen Mund aus einer getrockneten Orangenscheibe in das Gesicht stecken.

Augen und Knöpfe aus Nelken in die Orangen drücken. Zimtstangen mit einer Schnur zusammenbinden und seitlich am Körper feststecken. Einen Schal aus Krepppapier um den Hals des Schneemanns wickeln und verknoten. Einen Zylinder aus Tonpapier gestalten. Dazu einen Kreis ausschneiden. Von der Mitte des Kreises aus Dreiecke in das Papier schneiden. Die Spitzen nach oben biegen und dort einen Streifen Papier herumkleben. Einen kleineren Kreis als Deckel aufkleben. Zum Schluss ein Hutband aus Krepppapier um den Zylinder binden. Dann den Orangen-Mann in den Tontopf stellen.

Tipp: Mit den Orangenschalen können die Kinder auch weitere Experimente machen und fantasievolle Gestalten entwickeln.

Und nach dem Basteln unbedingt die Hände gut waschen!

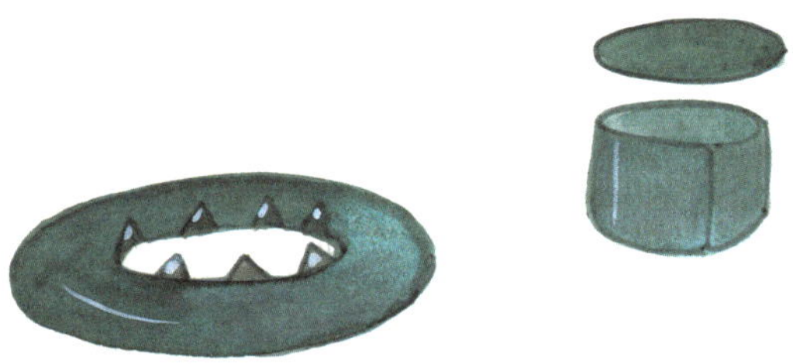

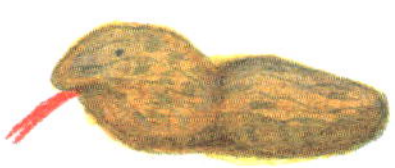

Duftendes Orangenlicht

Man braucht:
- 1 große Orange
- Nelken
- Goldkarton
- 1 Teelicht
- Cutter oder scharfes Messer

Die Orange so schälen, dass man später 2 unversehrte Hälften erhält. Wem das nicht sofort gelingt, kann die Orange in der Mitte durchschneiden und auf einer Saftpresse auspressen. Das Fruchtfleisch aber unbedingt entfernen. Dann mit einem spitzen Messer Sterne in die Schale schneiden. Außerdem Nelken in die Schale stecken. Aus Goldkarton einen Stern ausschneiden, in die Orange ein Teelicht stellen und dann auf den Goldstern setzen.

Orangen-Männchen

Man braucht:
- ausgepresste Orangen- und Pampelmusenhälften
- Seidenpapier
- Nelken
- Filzstifte
- Zahnstocher

Diese kleinen Kunstwerke sind nicht langlebig, machen aber trotzdem Spaß. Werden für eine ganze Kindergruppe Orangen ausgepresst, dann fallen die Schalenhälften sowieso als Abfall an. Da kann man sie auch als Männchen aufstapeln, Augen aus Nelken hineindrücken und mit Filzstiften Münder aufmalen. Hütchen und Schirm werden aus Seidenpapier gefaltet.

Man braucht:

- Zitrone, Orange
- Zimtstangen
- Krepppapier
- Zahnstocher
- Watte
- Goldpapier
- weißen Filz
- Filzstifte

Duftkönig

Die Zitrone und die Orange mit Zahnstochern zusammenstecken. Eine Krone aus dem Goldpapier ausschneiden, Wattehaare an die Zitrone kleben, darüber die Krone kleben. Einen Faden durch den oberen Rand des Krepppapiers ziehen und dem König als Umhang umbinden. Auf ein Stück Filz schwarze Punkte malen und am König als Schal befestigen. Zwei Zimtstangen mit Zahnstochern als Arme in die Orange stecken. Den König mit weiteren Zimtstangen und getrockneten Orangenscheiben schmücken.

Komm mit auf den Weihnachtsmarkt

Man braucht:
- einen größeren Karton
- Buntpapier
- mehrere Innenteile von Streichholzschachteln
- Bindfaden
- Klebestreifen
- Klebstoff
- Schere
- kleine Klammern
- Süßigkeiten

Und für den Verkäufer:
- 1 leere Klorolle
- 1 Wattekugel
- Buntpapier
- Filzstifte

Marktstand

Am besten einen Karton auswählen, den man in der Mitte aufklappen kann. Die eine Klappenhälfte nach oben biegen und mit einem Klebestreifen fixieren. Die andere Klappenhälfte in der Mitte knicken und diese Hälfte ebenfalls nach vorne biegen. An die Kartonkanten Klebestreifen kleben.

Das aufgeklappte Dach mit roten und weißen Streifen aus Buntpapier bekleben. Und den unteren Streifen mit den leeren Streichholzschachteln bekleben.

Oben unterhalb des Daches eine Schnur mit einer Stopfnadel durchziehen. An der Schnur können kleine Sachen mit Miniwäscheklammern aufgehängt werden.

Für den Verkäufer die leere Klorolle mit Buntpapier bekleben. Die Wattekugel als Kopf in die obere Öffnung kleben. Aus Buntpapier zwei Arme aufrollen und seitlich an die Figur kleben.

Aus Papier noch eine kleine Mütze ausschneiden und etwas formen. Dann die Mütze dem Verkäufer auf den Kopf kleben.

EXTRA
Suerdieck S.A.

Himmlisches Gebäck

Ohne süße Sachen kommt man kaum durch die Adventszeit. Wie und in welcher Form Kinder Süßigkeiten essen dürfen, dass müssen die Eltern entscheiden. Die Honigkuchen-Stadt ist eine Dekoration, von der aber auch – wenn man es denn darf – genascht werden kann.

Kleiner Honigkuchenmann

Man braucht:
- Honigkuchen
- Pappteller
- Süßigkeiten

Diesen Honigkuchenmann aus drei Scheiben Honigkuchen auf einem Pappteller zusammenlegen. Dabei eine der Scheiben so zuschneiden, dass Mütze und Arme und das Gesicht entstehen. Anschließend mit den Süßigkeiten dekorieren.

Kokos-Monde

Man braucht:
- 150 g Mehl
- 100 g feine Kokosraspel
- 80 g Honig
- 1 Eigelb
- 1 Prise Salz
- 100 g kalte Butter in Flöckchen

1 Alle Zutaten in eine Schüssel geben und schnell mit den Händen zu einem geschmeidigen Teig verkneten.

2 Mit Folie abdecken und 30 Minuten in den Kühlschrank stellen.

3 Ein Backblech mit Backpapier auslegen.

4 Dann aus kleinen Teigportionen jeweils 3 cm lange Röllchen formen, die an den Enden dünner werden.

5 Die Röllchen als Halbmonde auf das Backblech legen.

6 Bei 180 Grad im vorgeheizten Backofen 10 Minuten backen.

Honigkuchen-Stadt

Man braucht:

- Honigkuchen
- Brett
- dicke Pappe
- Pinsel
- Puderzucker
- 2–3 Eiweiß
- Süßigkeiten
- Alufolie
- Seidenpapier

Den Honigkuchen auf einem Brett in dicke Scheiben schneiden. In einer Schale Eiweiß und Puderzucker zu einem dicken Brei anrühren. Mit dem Brei die Stelle auf der Pappe einstreichen, auf der das erste Haus stehen soll. Dann das Haus aufbauen.

Vier dicke Scheiben bilden die Wände, zwei Dreiecke die Dachgiebel und wieder zwei dicke Scheiben das Dach. Die Kanten jeweils dick mit Zuckerguss bestreichen.

So kann man ein Haus nach dem anderen bauen. Schokoladentaler können als Pflastersteine auf die Pappe geklebt werden. Den restlichen Zuckerguss über die Häuser gießen. Hinter der Stadt einen Berg aus Alufolie oder Seidenpapier aufbauen.

Äpfel, Nüsse, Zapfen ...

Diese Naturmaterialien kann man mit etwas Knete, Filz oder Wolle ganz leicht in Mäuse, Wichtel und mehr verwandeln. Das geht meistens schnell und braucht keine langen Vorbereitungen. Und Kinder, die sonst vielleicht nicht so gerne basteln, können hier mit wenigen Handgriffen schöne Ergebnisse erzielen.

Apfel-Zwerge

Man braucht:

- kleine rote Äpfel
- Nelken
- Rosinen
- Zahnstocher
- Knete
- Krepppapier

Aus Knete Füße formen und erst einmal einen Apfel darauf festdrücken. Einen zweiten Apfel als Kopf mit einem Zahnstocher in den ersten Apfel stecken. Aus Krepppapier eine Mütze formen und dem Apfel-Zwerg aufsetzen.

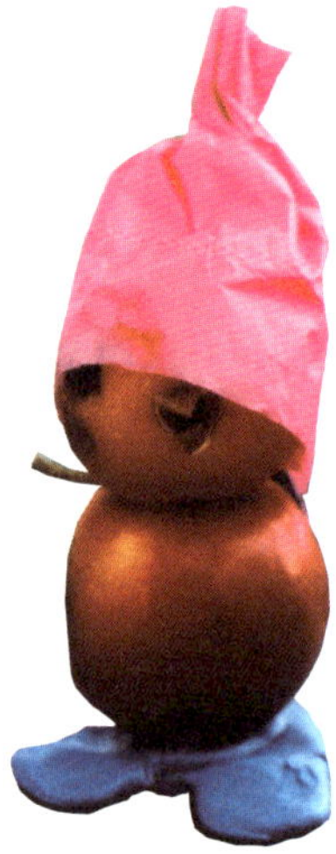

Goldene Mäuse

Man braucht:

- Walnüsse
- Wolle, Filz
- Goldspray
- Perlen
- Filzstift
- alte Zeitungen

Die Walnüsse so knacken, dass die Schalenhälften erhalten bleiben. Die Walnusshälften auf eine alte Zeitung legen und mit Goldspray einsprühen. Dann trocknen lassen. Aus Filz kleine Ohren ausschneiden und ankleben. Eine Perle als Schnauze und einen Wollfaden als Schwanz ankleben. Mit einem Filzstift Augen aufmalen.

Walnuss-Wichtel

Man braucht:
- Walnüsse
- Knete
- Streichhölzer
- Filz, Wollrest
- Klebstoff, Schere
- Filzstifte

Aus Knete einen Schal formen und damit jeweils 2 Nüsse zusammenkleben. Seitlich Streichholzarme hineinstecken. Füße und Nasen formen und an den Nüssen festdrücken. Augen und Mund aufmalen.

Mützen aus Filz ausschneiden, rund um die Köpfe kleben und oben mit einem Wollfaden zusammenbinden.

Erdnuss-Wichtel

Man braucht:
- Erdnüsse
- Filzstifte
- Watte
- Klebstoff

Den Erdnüssen mit roten Filzstiften oder mit Wasserfarben Mützen und Mäntel aufmalen. Das Gesicht einfach frei lassen und Augen und Münder aufmalen. Kleine Wattebärte ankleben und fertig sind die Mini-Wichtel.

Kartoffel-Karawane

Man braucht:
- Kartoffeln
- Erdnüsse
- Korken
- Stoffreste
- Klebstoff
- Schere
- Stecknadeln
- Zahnstocher, Filzstifte
- Blumendraht

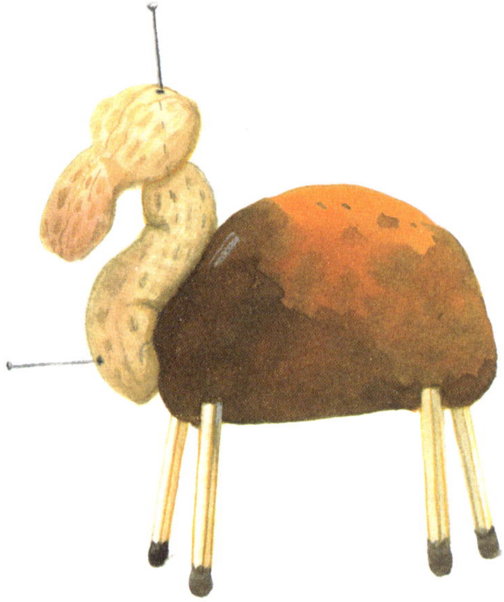

Für jedes Kamel zwei Erdnüsse mit Stecknadeln zusammenstecken. Vorher noch etwas Klebstoff auf die Erdnüsse streichen. Die Erdnüsse und vier Zahnstocher als Beine in die Kartoffel stecken. Eine kleine Filzdecke auf dem Rücken feststecken.

Für die Reiter je einen Korken mit einem Stoffrest und einem Stück Blumendraht umwickeln. Der Stoff darf etwas herunterhängen. Die Figuren mit Zahnstochern auf die Kamelrücken stecken.

Drei Könige

Man braucht:

- Äpfel, Kartoffeln
- Zwiebeln, Knoblauch
- getrocknete Zitrusfrüchte
- Beeren oder Perlen
- Zahnstocher, Stecknadeln
- Krepppapier, Watte oder Engelshaar
- Schere, Klebstoff, Filzstift
- Nadel und Faden

Die Kartoffeln mit den Zahnstochern auf die Äpfel stecken. Oben von den Kartoffeln etwas abschneiden und Zwiebeln oder Knoblauch als Hüte darauf feststecken.

Die Könige bekommen Umhänge aus Krepppapier. Dazu in ein rechteckiges Stück Krepppapier einen Faden ziehen. Haare aus Watte oder Engelhaar ankleben und die Gesichter auf die Kartoffeln malen. Jedem König zwei Zahnstocher als Arme in den Körper stecken. Auf die Enden der Zahnstocher getrocknete Orangenscheiben stecken und darauf kleine Perlen als Geschenke legen.

Zapfen-Zwerge

Den Wattekugeln Gesichter aufmalen und sie dann auf die Zapfen kleben. Bärte aus Wollfäden oder aus Watte ankleben. Für die Mützen zwei gleich große spitze Dreiecke ausschneiden und jeweils von vorn und von hinten an den Kopf kleben. Dann oben durch beide Spitzen einen Wollfaden ziehen, an dem man den Zwerg aufhängen kann. Oder man schneidet ein Rechteck aus Filz aus und klebt es rings um den Kopf. Dann bindet man oben einen Faden um die Mütze.

Als Arme zwei Zahnstocher oder Streichhölzer seitlich unter die Zapfen stecken. Auf deren Enden Perlen stecken. Wer mag, kann den Zwergen auch noch Schuhe aus Filz ausschneiden und ankleben.

Mit entsprechend vielen dieser Zapfen-Zwerge kann man gut den Tannenbaum schmücken.

Man braucht:

- längliche Zapfen
- Wattekugeln
- Filz
- Wolle
- Perlen
- Klebstoff, Schere
- Zahnstocher
- Streichhölzer
- Filzstifte
- Nadel und Faden
- rote Perlen

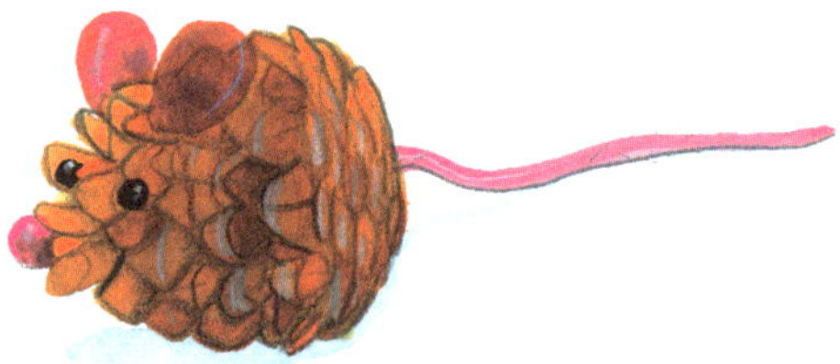

Nuss-Eichhörnchen

Man braucht:

- Zapfen
- Walnüsse
- Erdnüsse
- Märchenwolle
- Filzstifte
- Klebstoff, Schere

Den Walnüssen ein Gesicht aufmalen und sie dann auf die Zapfen kleben. Die Erdnüsse als Arme und Beine an die Seiten und unter die Zapfen kleben.

Ohren und Schwanz aus Märchenwolle formen und ebenfalls festkleben.

Man braucht:

- gepresste Blätter
- Wattekugeln
- Engelshaar
- Filzstifte
- Klebstoff
- Nadel und Faden

Blätter-Engel

Den Wattekugeln ein Gesicht aufmalen und Haare aus Engelshaar ankleben.

Mit der Nadel einen Faden durch den Kopf ziehen, damit man den Engel daran aufhängen kann.

Die Stiele der gepressten Blätter etwas kürzen und von unten in das Loch der Wattekugel kleben.

Viele Sterne

Sterne funkeln, Sterne leuchten, und der Stern ist das große Symbol, das den Weg zur Krippe zeigt. Deshalb gehören Sterne unbedingt in die Adventszeit. Sie hängen im Fenster, später vielleicht am Tannenbaum, oder schmücken Weihnachtskarten.

Großer Stern

Man braucht:

- Goldfolie in verschiedenen Rottönen
- Nadel, Faden
- Klebstoff, Schere

Aus den Papieren zwei lange Streife ausschneiden(ca. 70 x 10 cm), wie eine Ziehharmonika falten und die beiden Streifen zusammenkleben.

Durch einen Rand dieser Ziehharmonika mit einer dicken Nadel einen Faden ziehen und so zusammenknoten, dass sich der Stern später wie ein Fächer ausbreiten lässt.

Vorher mit der Schere Muster in den Stern schneiden. Dazu bleibt der Streifen zunächst zusammengefaltet und es wird gleichzeitig durch alle Schichten geschnitten. Die obere Kante schräg abschneiden!

Zum Schluss den Stern wie einen Fächer kreisrund auseinanderziehen und die Kanten zusammenkleben. Einen Faden durch den Rand des Sterns ziehen und ihn daran aufhängen.

Einfache Goldsterne

Man braucht:

- Goldfolie
- Schere
- Nadel und Faden

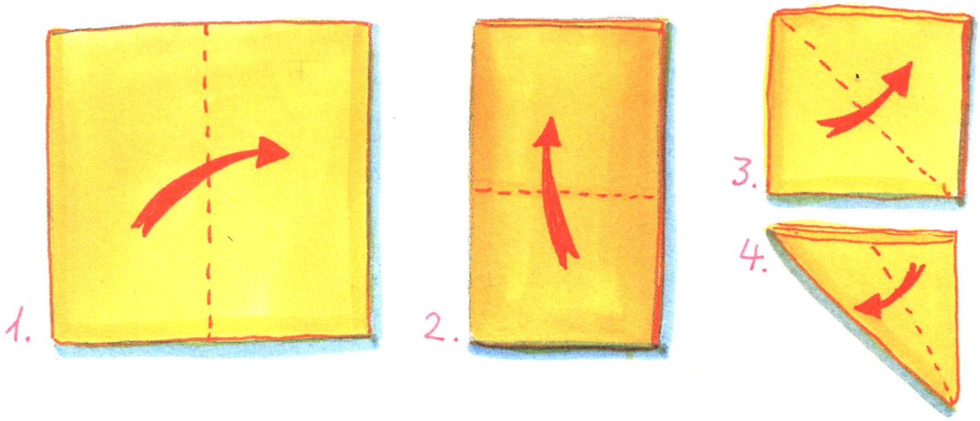

Goldfolie in quadratische Stücke schneiden und sie so falten, wie es auf der Zeichnung zu sehen ist. Dann in die Kanten mit der Schere Zacken schneiden. Alles wieder auseinanderfalten und durch den Rand mit der Nadel einen Faden ziehen, verknoten und den Stern daran aufhängen.

Strohsterne

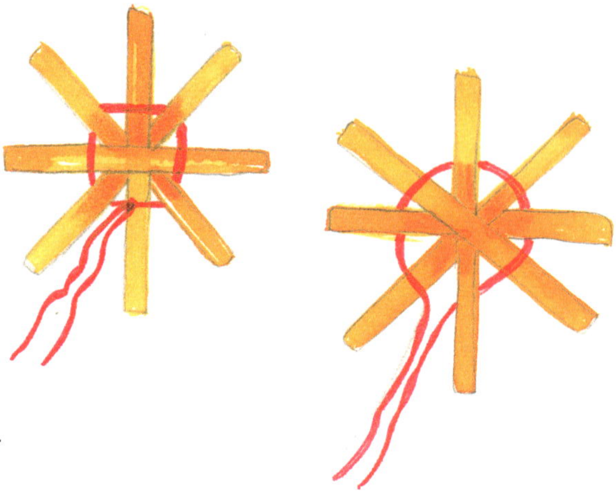

Man braucht:
- Strohhalme (natur)
- Goldpapier
- Faden
- Klebstoff, Schere

Die Strohhalme in einer bestimmten Länge zuschneiden und auf einen glatten Untergrund legen. Dann so wie auf der Zeichnung zu sehen ist, mit einem Faden umwickeln. Den Faden verknoten. Auf diese Weise lassen sich viele Strohhalme dazubinden. Außerdem kann man aus Goldpapier Sterne ausscheiden und hinter die Strohsterne kleben.

Sternenkette

Man braucht:
- Goldfolie
- langen Bindfaden
- Nadel und Faden
- Schere

Die Kinder basteln eine lange Sternenkette. Zum Beispiel aus den einfachen Goldsternen (Seite 51) oder den Strohsternen oder einfachen ausgeschnittenen Sternen aus Goldfolie. Man kann auch alle Sterne mischen, an einen langen Bindfaden knoten und quer durch einen Raum aufhängen.

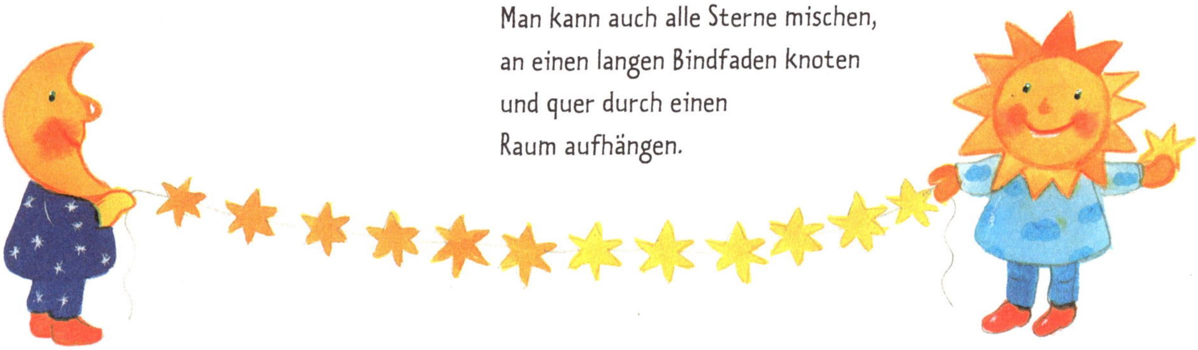

Großer Schweifstern

Man braucht:

- gelben Filz
- Watte
- goldene Pfeifenputzer
- 1 rote Perle, 2 schwarze Perlen
- Goldfolie
- Filzstift
- Schere, Klebstoff
- Nadel, Faden

Zwei gleich große Sterne aus gelbem Filz ausschneiden. An den Kanten zusammennähen, aber zunächst oben eine kleine Öffnung lassen. In diese Öffnung dann etwas Watte stecken, damit der Stern schön plastisch aussieht. Aus Goldfolie viele kleine Sterne ausschneiden und jeweils an die einen Enden der Pfeifenputzer kleben. Die anderen Enden der Pfeifenputzer in die Öffnung des Sterns schieben, etwas Klebstoff hineinträufeln lassen und dann die Öffnung fest zunähen. Dem Stern Augen und Nase aus Perlen annähen oder ankleben und einen roten Mund mit einem Filzstift aufmalen.

Sternkarten

Man braucht:

- blauen Tonkarton, Bleistift
- dicken Gold- oder Silberfaden
- Stopfnadel, Schere

Den Tonkarton in Postkartengröße zuschneiden. Auf die Rückseite des Kartons zum Beispiel ein Sternenmuster wie auf der Zeichnung aufzeichnen. Mit der Stopfnadel Löcher stechen, und dann mit einem langen Silber- oder Goldfaden den Stern sticken. Wer mag, kann auch zusätzlich mit einem Silber- oder Goldstift noch etwas auf die Karte malen oder schreiben.

Wir schmücken den Tannenbaum

Kinder haben oft eine ganz eigene Vorstellung davon, wie ein Tannenbaum aussehen soll. Das stimmt nicht immer mit den ästhetischen Vorstellungen der Erwachsenen überein. Dabei haben die von Kindern gebastelten Anhänger meistens einen ganz besonderen Charme. Ob Glitzerkugeln, Engel oder Sterne, lassen Sie jedes Kind seinen Christbaumschmuck aussuchen, gestalten und den Tannenbaum damit schmücken.

Man braucht:

- Zeitungspapier
- Glitzerfolie
- Einwickelpapier von Schokolade
- Klebestreifen
- Klebstoff
- Stopfnadel
- Goldfaden
- 1 Holzstäbchen

Glitzerkugeln

Das Zeitungspapier mit den Händen zu Kugeln knüllen. Die Kugeln mit Klebestreifen umwickeln. Dabei darauf achten, dass die Kugeln schön rund bleiben. Die Kugeln nun mit glitzernden Papierschnipseln bekleben. Damit die Hände nicht so klebrig werden, kann man die Kugeln auch auf ein Holzstäbchen stecken.

Wenn der Klebstoff getrocknet ist, mit einer dicken Stopfnadel den Goldfaden als Aufhängung durch die Kugeln ziehen und verknoten.

Man braucht:

- Zeitungspapier
- 1 kleine Papprolle
- Farben, Pinsel
- Schere
- Perlen
- Goldband
- Stopfnadel

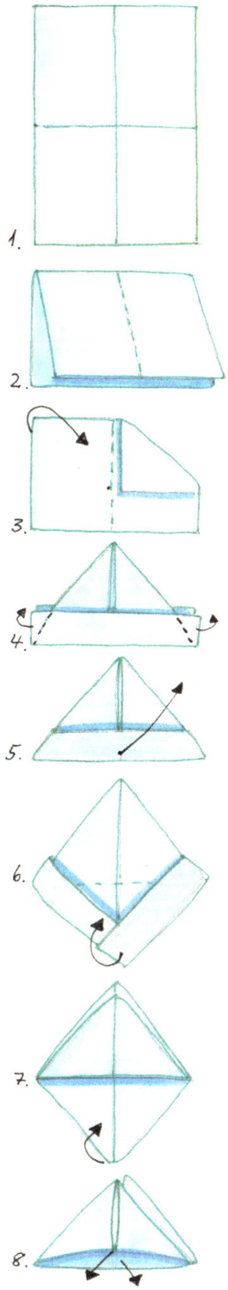

Oh, Tannenbaum!

Aus je einer Zeitungsdoppelseite drei Hüte falten. Die Hüte so ineinanderstecken und -kleben, dass sie die Form einer Tanne bekommen. Die kleine Papprolle als Stamm in den untersten Hut stecken und festkleben. Den Tannenbaum anmalen und mit roten Perlen schmücken. Dafür die Perlen auf Goldband fädeln und mit der Stopfnadel an die Tanne nähen. Die Fadenenden verknoten. ck

Sonne und Mond

Man braucht:

- Modelliermasse, die an der Luft trocknet
- Farben zum Bemalen
- Goldfolie
- Federn
- Tonpapier
- einen Nagel
- Schere
- Faden
- Nudelholz
- Messer

Die Modelliermasse so lange mit den Händen bearbeiten, bis sie schön weich ist. Dann die Masse mit einem Nudelholz auf einem Brett ca. 1 cm dick ausrollen. Mit einem Nagel oder dem Messer Figuren in der Masse vorzeichnen und dann mit dem Messer ausschneiden. Wem das zu aufwändig ist, kann auch gleich Figuren formen.

In alle Figuren oben mit dem Nagel ein Loch hineinbohren. Dann die Figuren nach Gebrauchsanweisung trocknen lassen. Nach dem Trocknen die Figuren bemalen, mit Federn oder Goldpapier bekleben.

Oben durch die Löcher einen Faden ziehen und verknoten.

Klammer-Engel

Man braucht:

- Wäscheklammern
- Krepppapier
- Goldfolie
- weißes Papier
- Nadel und Faden
- Klebstoff
- Engelshaar
- Filzstifte

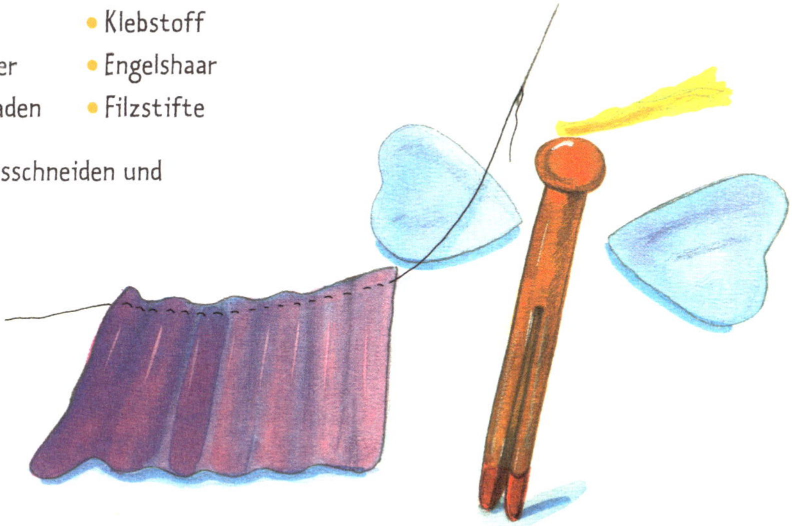

Aus dem Krepppapier ein Rechteck ausschneiden und so wie auf der Zeichnung oben einen Faden durchziehen und als Kleid um die Klammer unterhalb des Klammerkopfes wickeln und zubinden.

Flügel aus Goldpapier ausschneiden und hinten an das Kleid kleben. Die Schuhe und das Gesicht mit Filzstiften auf die Klammer malen.

Klammer-Ente

Man braucht:

- Wäscheklammer
- weißes Tonpapier
- weiße Farbe, Pinsel
- Goldpapier
- Schere, Klebstoff

Aus dem Tonpapier einen Entenkopf ausschneiden, einen Schnabel aufmalen und auf die Klammer kleben. Aus Goldpapier Flügel wie eine Ziehharmonika falten und in die Klammer kleben. Die äußeren Ränder wie Flügel auseinanderziehen.

Alle meine Engel

Von Engeln geht ein besonderer Zauber aus. Als Himmelsboten fliegen sie umher, sie beschützen uns und gehören ganz einfach zur Weihnachtszeit. Jedes Kind sollte sich einen Engel basteln, der nur ihm gehört, der das Zimmer oder den Tannenbaum schmückt und dem es Wünsche anvertrauen kann.

Fliegender Engel

Man braucht:

- weißen Tonkarton
- Goldpapier
- Engelshaar
- Filzstifte
- Klebstoff
- Schere, Cutter

Die Umrisse eines fliegenden Engels auf Tonkarton aufmalen und ausschneiden. Gesicht, Hände und Füße aufmalen. Aus Goldpapier Flügel wie eine Ziehharmonika falten. Ein Erwachsener schneidet einen Schlitz in den Engel. Durch den Schlitz die Flügel stecken und an den Rändern auseinanderziehen. Engelshaar rings um das Gesicht kleben und eine Posaune aus Goldpapier aufkleben.

Man braucht:

- weiße Filtertüte
- Tortendeckchen
- Engelshaar
- rosa Wattekugel
- Goldfolie
- Stecknadel mit Kopf
- weiße Papierservietten
- Nadel und Faden

Filtertüten-Engel

Die Filtertüte am schmalen Rand mit einem Faden zusammenziehen. Dabei die Wattekugel gleich mit an die Filtertüte nähen.

Die Serviette wie eine Ziehharmonika falten, in der Mitte zusammenkleben und hinten an die Filtertüte kleben. Arme und Beine aus Papierstreifen zusammenrollen und ankleben. Aus Buntpapier Hände und Füße ausschneiden und ankleben. Die Stecknadel als Nase in den Kopf stecken und eine Posaune aus Goldpapier ausschneiden und ankleben.

Engelchen Rosa

Man braucht:
- leere Klorolle
- weißes Papier
- pink Krepppapier
- Watte
- Nadel und Faden
- Schere, Klebstoff, Cutter
- Farben und Pinsel

Der Rolle im oberen Drittel ein Gesicht aufmalen. Den Rest der Rolle mit weißem Papier bekleben. Ein Erwachsener schneidet mit dem Cutter waagerechte Schlitze in jede Seite. Aus Krepppapier rechteckige Stücke zuschneiden und wie eine Ziehharmonika falten. Den gefalteten Streifen durch die Schlitze in der Rolle ziehen und an jeder Seite zu einem Flügel ausbreiten. Oben in die Rolle Wattehaare kleben. Aus weißem Papier Arme ausscheiden und seitlich an die Rolle kleben. Oben durch den Kopf mit der Nadel einen Faden ziehen und den Engel damit aufhängen.

Engel-Fensterbild

Man braucht:
- Stoffreste
- Tortendecken
- transparente Folie
- Transparentpapier
- Engelshaar

Von der Klebefolie die Schutzschicht abziehen. Aus Papier und Stoffresten einen Engel ausschneiden und auf die Folie kleben. Engelshaar an den Kopf kleben. Eine zweite Schicht von der transparenten Klebefolie über das gesamte Bild kleben, sodass es wie eine Eisschicht aussieht. Man kann das Bild mit Klebestreifen direkt ins Fenster kleben oder man zieht oben durch den Rand einen Faden.

Sternen-Engel

Man braucht:

- Papprolle
- Wattekugeln, 2 groß, 2 klein
- Lametta, Geschenk-, Buntpapier
- Stern aus Knete oder Fimo
- Federn
- Farben, Pinsel
- Klebstoff, Schere

Rolle mit Buntpapier bekleben. Wattekugeln anmalen. Der großen Rolle ein Gesicht aufmalen und oben in die Rolle kleben. Die beiden kleinen Wattekugeln als Hände auf den Bauch des Engels kleben.

Haare aus Lametta auf den Kopf kleben und die Federn als Flügel hinten ankleben.

Sitzender Engel

Man braucht:
- Versandrolle (weiß)
- weißes Krepppapier
- weiße Federn
- etwas Goldfolie
- Filz, Schnur, Goldband
- Holzwolle oder Watte
- Schere, Klebstoff
- Farben , Pinsel

Oben auf die Rolle Augen, Nase und Mund aufmalen. Dann einen Streifen Krepppapier als Kleid um die Rolle kleben, das Papier am unteren Rand etwas auseinander ziehen.

An beide Seiten unterhalb des Kopfes ein Stück Schnur kleben, darüber einen Streifen Filz als Schal binden. An die Enden der Schnur rosa Filz als Hände kleben.

In den unteren Rand der Rolle zwei längere Schnüre kleben und an die En den zwei Stiefel aus Filz kleben.

Oben in die Rolle Holzwolle oder Watte stecken und ein Goldband als Stirnband um den Haarschopf binden.

Großer Engel aus Papier

Man braucht:
- weißes Transparentpapier
- Wattekugel
- Federn, Filzstifte
- 2 Skelettblätter oder Federn
- getrocknete Orangenscheibe
- Klebstoff, Schere
- Nadel und Faden
- Stecknadeln

Ein ca. 60 cm langes und 25 cm breites Stück Transparentpapier wie eine Ziehharmonika falten. Durch den oberen Rand des Papiers einen Faden ziehen und eng verknoten. Den unteren Rand etwas auseinander ziehen. So entsteht das Kleid.

Ein Gesicht auf die Wattekugel malen und Federn als Haare ankleben. Mit einer Stecknadel die Orangenscheibe als Heiligenschein feststecken. Unten in den Kopf einen Zahnstocher stecken und den Kopf damit in das Kleid stecken. Zwei Skelettblätter oder Federn als Flügel ankleben.

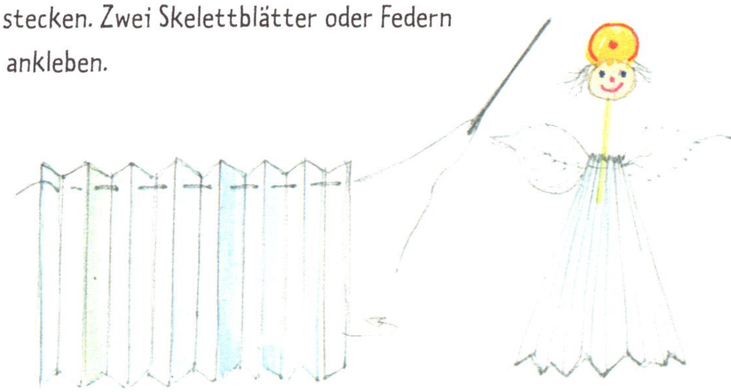

Himmlische Weihnachtspost

Engel-Karte

Aus einem Goldpapierstreifen eine Ziehharmonika falten. Aus blauem Tonkarton eine Karte ausschneiden, so groß, dass sie einmal gefaltet in einen Briefumschlag passt.

In die Mitte des blauen Kartons, so wie auf der Abbildung zu sehen ist, einen Engel kleben. Auf die Hände des Engels die Enden der Ziehharmonika kleben.

Mit dem Locher auf jede Kartenseite ein Loch machen. Hier das Geschenkband hindurchziehen. Die Karte zusammenfalten und mit einer Schleife zubinden.

Man kann die Karte von außen auch noch gestalten oder einfach mit einem Goldstift bemalen.

Man braucht:

- blauen Tonkarton
- farbiges Papier
- Tortendecken aus Papier
- Goldpapier
- etwas Watte oder Engelshaar
- Klebstoff
- Geschenkband
- Locher

Auf die gleiche Art kann man viele verschiedene Karten gestalten.

Jetzt kommt der Weihnachtsmann!

Bald ist es so weit, und der Weihnachtsmann kommt. Kommt er auf einem Rentier oder mit einem Schlitten? Diese Fragen bieten viele Erzählanlässe. Und während des Erzählens können die Kinder einen Weihnachtsmann gestalten.

Klingel-Bote

Man braucht:

- 1 Stück Versandrolle
- eine Spitze aus einem Eierkarton
- Filz, Watte
- 2 Holzstäbe, Pappe, Nadel, Faden
- Wollfaden, 1 Briefklammer, 1 Glöckchen
- Klebstoff, Schere, Holzbohrer
- Farben, Pinsel

Die Spitze von der Eierpappe als Nase in das Gesicht der Rolle kleben. Das obere Drittel der Rolle und die Nase anmalen. Den Rest der Rolle mit Filz bekleben, unten einen Mantel und oben eine Mütze kleben. Die Mütze oben mit einem Faden zusammenbinden. Unterhalb der Mütze Wattehaare ankleben.

Den Filz für den beweglichen Arm auf Pappe kleben, dann den Arm ausschneiden und mit einer Briefklammer an der Rolle befestigen. Von hinten einen Holzstab an den Arm kleben. Das Glöckchen am Handschuh festnähen.

Den anderen Arm aus Filz ausschneiden und einfach an der Rolle festkleben.

Weihnachtsmann mit Rentier

Man braucht:

- 1 große Schachtel
- 4 Klorollen
- 2 Stück Versandrolle
- Buntpapier
- Packpapier
- Filz, Stoffreste, Watte
- kleine Schachteln
- Kleister, Eimer
- Schere

Zuerst wird das Rentier gebastelt. Dafür in einem kleinen Eimer den Kleister anrühren und durchziehen lassen. Das Packpapier in Streifen reißen und damit die Schachtel, die Klorollen und die Versandrolle bekleben. Dann alle Teile zusammenkleben. Und gut trocknen lassen. Ein Geweih aus festem Papier ausschneiden und oben im Kopf festkleben. Ohren aus Packpapier ausschneiden und seitlich an den Kopf kleben.

Für den Weihnachtsmann die zweite Versandrolle mit Filz bekleben, oben das Gesicht frei lassen. An den oberen Rand eine Mütze aus Filz kleben. Arme und Beine, so wie auf der Zeichnung zu sehen ist, aus Filz ausschneiden und an den Körper kleben.

Den Weihnachtsmann auf das Rentier setzen und das Rentier noch mit vielen kleinen Päckchen beladen.

Bimmel-Zwerg und Klingel-Kind

Den Wattekugeln Gesichter aufmalen und sie auf einen Zahnstocher spießen. Das andere Ende der Zahnstocher jeweils in den umgedrehten Trinkbecher stecken. Die Trinkbecher einmal mit rotem, einmal mit weißem Filz bekleben. Die Pfeifenreiniger unterhalb der Köpfe um die Zahnstocher wickeln. Jeweils an den Enden ein Glöckchen befestigen. Dem Kind Lamettahaare ankleben und darüber eine spitze Mütze aus weißem Filz. Der Zwerg bekommt Haare und einen Bart aus Watte angeklebt. Außerdem eine Mütze aus rotem Filz.

Man braucht:

- 2 Papptrinkbecher
- Lametta, Watte
- 4 Glöckchen
- Filz
- Farben
- Zahnstocher
- Pfeifenreiniger (gold und rot)
- Wattekugeln

Man braucht:

- Pappe, Farben, Pinsel
- 3 Wäscheklammern
- Filz, etwas Wellpappe
- Watte, kleine Zweige
- Schere, Klebstoff
- Glöckchen mit Band

Berittener Weihnachtsmann

Die Umrisse des Rentiers und des Weihnachtsmanns auf Pappe aufmalen und ausschneiden. Dem Weihnachtsmann ein Gesicht aufmalen. Einen Mantel, Mütze, Handschuhe aus Filz ausschneiden und auf die Figur kleben. Einen Sack aus Wellpappe auf den Rücken kleben.

Das Rentier und zwei Wäscheklammern mit brauner Farbe anmalen. Die Farbe trocknen lassen, dann die Klammern als Beine an das Rentier klemmen. Ein Filzstück als Satteldecke auf den Rücken kleben.

Den Weihnachtsmann, so wie es auf der Zeichnung zu sehen ist, auf eine Klammer kleben und dann mit der Klammer auf den Rücken des Rentiers setzen.

Kleine Zweige als Geweih an den Kopf des Rentiers kleben und zum Schluss die Glocke um den Hals binden.

Kommt mit zur Krippe

Hirten und die Heiligen Drei Könige sind wichtige Gestalten in dieser Zeit. Vor allem die Drei Könige haben durch ihre Kleidung etwas Besonderes. Mit bunten, glänzenden Papieren können die Kinder Kleider kleben. Je prächtiger, umso schöner. Auch die Krippe auf der nächsten Seite kann je nach Geduld und Fantasie noch weiter ausgeschmückt werden.

Hirte und Schafe

Man braucht:

- 1 großes Stück Pappe
- Filz, Watte, Märchenwolle
- Stecknadeln, Klebstoff
- Cutter, Schere, Filzstifte

Auf einen Teil der Pappe die Umrisse einer Schäferfigur und Schafen zeichnen. Ein Erwachsener schneidet die Figuren mit einem Cutter aus. Den anderen Teil der Pappe braucht man später als Untergrund.

Aus Filz einen Mantel und einen Hut ausschneiden und den Schäfer damit bekleben. Der Figur ein Gesicht aufmalen und aus Märchenwolle einen Bart ankleben. Die Schafe mit Watte bekleben, Gesichter aufmalen und Ohren aus Filz ankleben. Die Figuren mit Stecknadeln auf dem Pappuntergrund feststecken.

Man braucht:

- feste Pappe
- Obstkiste aus Pappe
- Stoffreste
- dünnen goldenen Draht
- Goldpapier
- Wäscheklammern
- Schere, Klebstoff
- Farben, Pinsel

Heilige Drei Könige

Die Obstkiste von innen anmalen und die Farbe trocknen lassen.

Die Umrisse der Figuren auf Pappe zeichnen und ausschneiden.

Aus Stoffresten Kleider für die Könige ausschneiden und auf die Körper kleben.

Auf den Kamelrücken eine Decke aus einem Stoffrest kleben. Kleine Päckchen falten und mit dem Draht auf den Rücken binden.

Die Wäscheklammern an die Figuren klammern und bei den Königen Schuhe an die unteren Kanten der Klammern kleben.

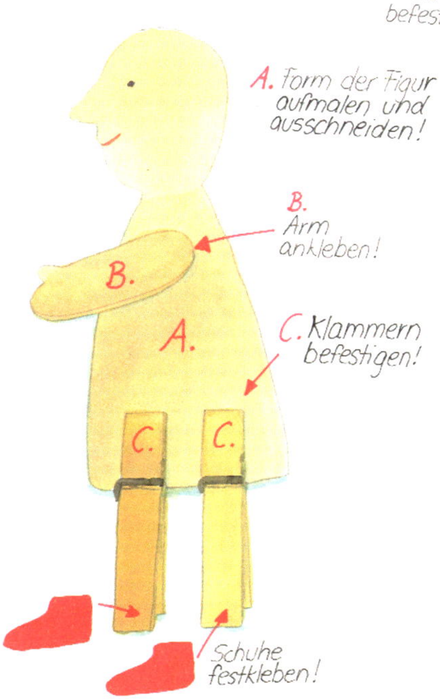

Weihnachtskrippe

Man braucht:
- 9 Korken
- Zahnstocher
- 7 Wattekugeln
- Filzreste, Stoffreste
- Schere, Klebstoff
- Wolle, Watte und Märchenwolle
- Farben und Pinsel
- Filzstifte
- 1 kleinen Karton
- 1 Streichholzschachtel
- Buntpapier, Goldpapier und Alukrepp
- Pappe, gelben Tonkarton

Den Wattekugeln Gesichter aufmalen. Das werden Maria, Josef, zwei Hirten und die Heiligen Drei Könige. Die Wattekugeln auf Zahnstocher stecken und die dann in diese Korken stecken.

Aus Filz- oder Stoffresten kleine Streifen schneiden und die Figuren damit bekleben. Haare und Bärte aus Wolle ankleben.

Maria bekommt einen Schleier aus einem Stück Stoff, das dann unterhalb des Kopfes festgebunden wird.

Josef und die Hirten bekommen Hüte aus Filz. Dazu Dreiviertelkreise ausschneiden und diese an den geraden Kanten zu spitzen Hüten zusammenkleben.

Die Könige bekommen eine Krone aus Goldpapier, einen Schleier aus Goldstoff und einen Turban aus einem Stück Alukrepp.

Für das Christkind einen weißen Filzstreifen zusammenrollen. Oben in diese kleine Rolle eine Wattekugel kleben. Aus gelbem Filz einen Heiligenschein an den Kopf kleben. Dann das Kind in die Streichholzschachtel legen. Für die Schafe Korken mit Watte bekleben. Vorne auf die Korken Gesichter malen und seitlich Ohren aus Filz ankleben.

Für den Stall eine Öffnung in einen Karton schneiden und einen geknickten Pappstreifen als Dach aufkleben. Einen Schweifstern aus Tonkarton ausschneiden und vorn an das Dach kleben.

Zum Schluss die Krippe und alle Figuren auf einem Untergrund aus Pappe dekorieren.

Hurra, es schneit!

Ein Wintertag draußen in klarer kalter Luft, eine Schneeballschlacht, was kann schöner für die Kinder sein? Aber was macht man, wenn der Schnee ausbleibt? Dann müssen wir den Schnee aus Watte in ein Winterbild zaubern, oder uns ein Schneemannspiel basteln. Und vielleicht hat man Glück, und es fängt dabei wirklich an zu schneien.

Winterbild

Man braucht:

- kleinen Holzkasten oder Kartondeckel
- Tonkarton
- Watte, Wattekugeln (weiß)
- Klebstoff
- Zweige

Aus Tonkarton einen Hintergrund ausschneiden und in den Deckel kleben. Eine Sonne aus Tonkarton ausschneiden und an den Himmel kleben. Watte auf den Boden kleben und Zweige und Äste als Bäume in die Landschaft stellen.

Aus zwei Wattekugeln einen Schneemann zusammenkleben. Einen kleinen Hut und eine Möhrennase aus Tonkarton ausschneiden und dem Schneemann ankleben. Augen und Knöpfe mit einem schwarzen Filzstift aufmalen.

Man braucht:

- feste Pappe
- weißen Tonkarton
- Bleistift
- Stopfnadel
- Farben, Pinsel
- Klebstoff, Schere
- Watte, Schnur
- Musterklammern
- farbiges Papier
- Geschenkpapier
- eine Holzperle

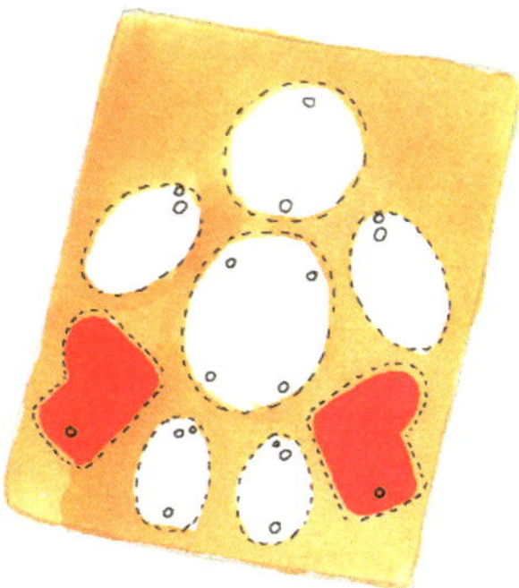

Hampel-Schneemann

Ein großes Stück Pappe (ca. 50 x 70 cm) mit blauer Farbe anmalen und trocknen lassen. Auf weißen Tonkarton die Teile zeichnen, die auf der Zeichnung zu sehen sind. Alle Teile ausschneiden und an den markierten Stellen die Löcher hineinbohren. Arme, Beine und Kopf mit den Musterklammern am Bauch befestigen. Die Stiefel kommen unten an die Beine.

Zwischen Arme und Beine zunächst waagerecht eine Schnur knoten. Dann ein längeres Stück Schnur an der oberen und unteren Schnurverbindung verknoten. Siehe Zeichnung!

Unten am Ende der Schnur eine Holzperle festknoten. Oben durch das Loch am Kopf eine Schnur fädeln und verknoten. Den Schneemann mit Watte bekleben, eine Mütze aus Papier ausschneiden und ankleben. Aus Tonpapier eine Nase rollen und in das Gesicht kleben. Augen und Knöpfe aus schwarzem Papier ausschneiden und ebenfalls ankleben.

Man kann den Schneemann mit dem blauen Untergrund verbinden, indem man oben in die blaue Fläche ein Loch bohrt, die Aufhängeschnur durch das Loch fädelt und dann beides zusammen aufhängt.

Schneeflöckchen

Man braucht:
- Papiertaschentücher
- Wattekugel
- Engelshaar
- Nadel und Faden
- Filzstifte

Das Papiertaschentuch auseinanderfalten und an zwei gegenüberliegenden Seiten ca. 1 cm vom Rand abreißen. Das Taschentuch wie eine Ziehharmonika falten, um die Mitte des gefalteten Papiers einen Faden wickeln. Auf die Fadenenden eine Wattekugel fädeln, die Enden danach zu einer Schlaufe verknoten. Der Wattekugel ein Gesicht aufmalen, etwas Engelshaar um den Kopf kleben. Dann die Papierlagen des Tuches vorsichtig auseinanderfalten.

Schneemann kegeln

Man braucht:
- 1 großes Stück festen Karton
- 9 kleinere Wattekugeln
- 10 größere Wattekugeln
- Tonpapier (schwarz, orange)
- Krepppapier
- Farben, Pinsel
- Schere, Klebstoff
- Filzstifte

Den Karton falten und so aufstellen, dass die eine Hälfte die Rückwand bildet. Falls der Karton nicht von alleine stehen bleibt, die Kanten mit Klebestreifen fixieren. Den Karton anmalen und trocknen lassen.

Aus jeweils einer kleineren und einer größeren Wattekugel die Schneemänner bauen. Jedem Schneemann ein Gesicht aufmalen und eine Nase aus orange Tonpapier ankleben. Außerdem bekommt jeder Schneemann eine Kopfbedeckung:

Die Zylinder so basteln wie es auf der Zeichnung zu sehen ist. Die Mützen und die Krone für den König aus Krepppapier zusammenkleben. Jedem Schneemann eine Ziffer (von 1–9!) auf den Bauch schreiben. Zum Schluss die Schneemänner auf die Pappe stellen und mit der übrig gebliebenen Wattekugel kegeln. Wer trifft alle Neune?

Stadt aus Schnee und Eis

Man braucht:

- leere Plastikbecher
- Sandförmchen
- Zweige, Gräser
- Tonpapier, Zahnstocher
- Schere, Klebstoff

Wenn es dann wirklich geschneit hat, können die Kinder viele Plastikbehälter mit Schnee oder Wasser füllen und über Nacht draußen stehen lassen. Am nächsten Morgen kann man die Becher umstülpen und so aus den Schnee- und Eisformen eine ganze Stadt bauen.

Zweige und Gräser werden rings um die Stadt dekoriert. Und kleine Fähnchen bastelt man aus Zahnstochern und etwas Tonpapier.

Man kann auch eine Plastikflasche oder Eiswürfelbehälter mit Wasser füllen und zusätzlich noch Glitzersteine oder Konfetti mit in das Wasser geben.

Über Nacht nach draußen stellen, wenn es friert! Dann die gefrorenen Würfel zu kleinen Skulpturen aufbauen.

Man braucht:

- weiße leere Flasche
- silbernen Pfeifenputzer
- Wattekugel
- Engelshaar
- Silberpapier
- Filzstifte
- Klebstoff, Schere

Schneekönigin

Die Flaschen gut ausspülen und trocknen lassen. Der Wattekugel ein Gesicht aufmalen und sie oben in den Flaschenhals kleben. Haar aus Engelshaar rings um das Gesicht kleben.

Aus dem Silberpapier eine Krone ausschneiden und der Königin auf den Kopf kleben.

Einen Pfeifenputzer als Arme rings um den Flaschenhals wickeln.

Dann die Schneekönigin draußen aufstellen. Sie sieht besonders geheimnisvoll aus, wenn das Licht durch sie hindurch scheint.

Auf diese Weise kann man noch weitere Figuren basteln: einen Schneekönig oder fantasievolle Zauberwesen.